Weitere Gedichte

ISBN: 978-3-7597-1197-7
Verlag: BoD • Books on Demand GmbH, In de Tarpen
42, 22848 Norderstedt
Druck: Libri Plureos GmbH, Friedensallee 273, 22763
Hamburg

FSC
www.fsc.org

MIX
Papier aus verantwortungsvollen Quellen
Paper from responsible sources
FSC® C105338

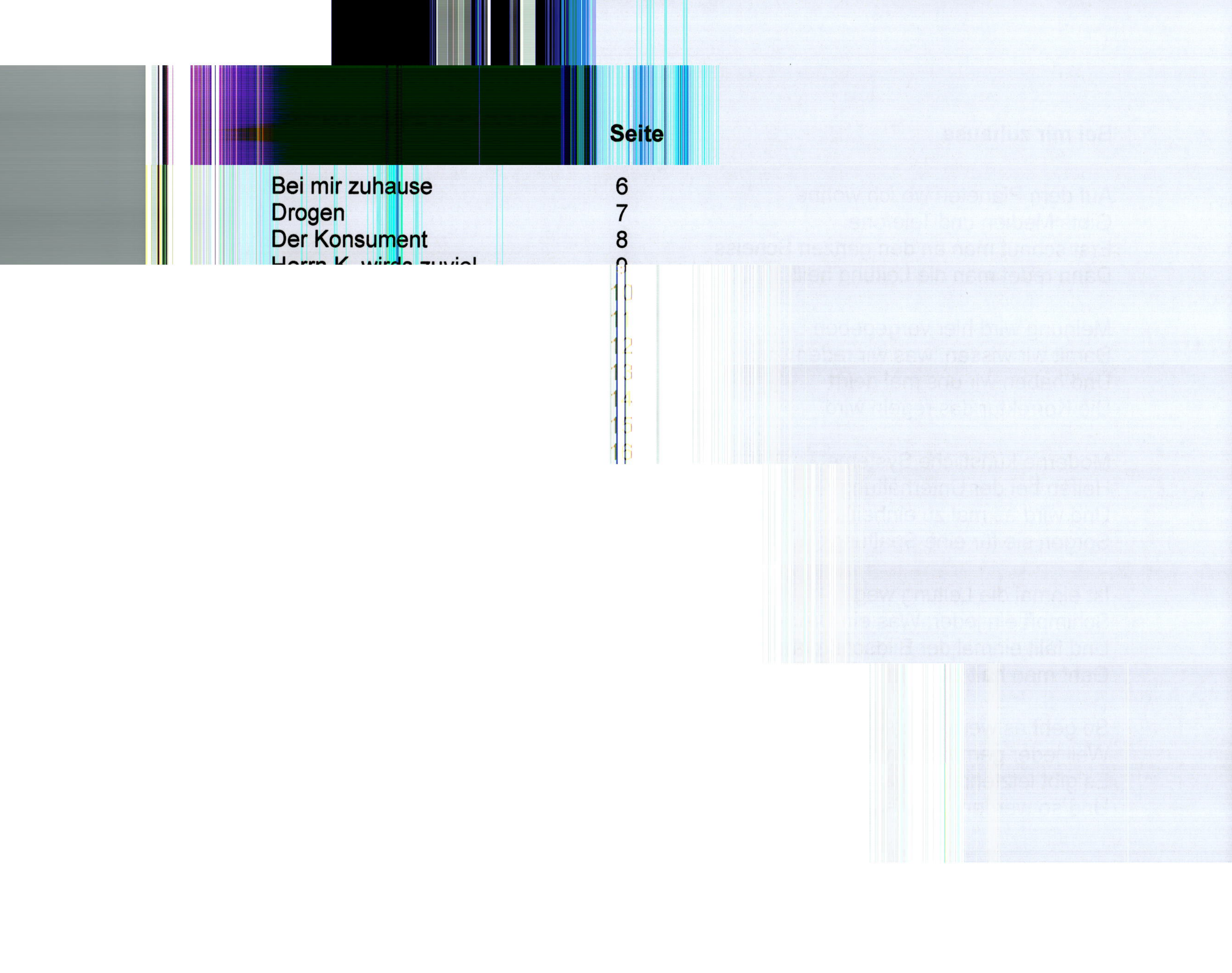

Bei mir zuhause

Auf dem Planeten wo ich wohne
Gibts Medien und Telefone
Erst schaut man an den ganzen Scheiss
Dann redet man die Leitung heiß

Meinung wird hier vorgegeben
Damit wir wissen, was wir reden
Und haben wir uns mal geirrt
Die Korrektur das regeln wird

Moderne künstliche Systeme
Helfen bei der Unterhaltung
Und wird es mal zu einheitlich
Sorgen sie für eine Spaltung

Ist einmal die Leitung weg
Schimpft ein jeder: Was ein Dreck!
Und fällt einmal der Bildschirm aus
Geht man halt zum Grillen raus

So geht es weiter jeden Tag
Weil jeder gerne reden mag
Es gibt letztendlich keinen Halt
Und so werden wir alle alt

Der Konsument

Der Konsument ist nie zufrieden
Das ist ihm von Natur beschieden
Ganz egal, wieviel er hat
Er hat es niemals wirklich satt

Hat er dann mal doch zuviel
Wirft er alles auf den Müll
Nur damit er dann feststellt
Dass ihm wieder etwas fehlt

Währenddessen andre Leute
Wittern bei ihm fette Beute
Finden raus, was er begehrt
Und verkaufens übern Wert

Geht ihm das Geld aus, schreit er wild
Das alles war mein Spiegelbild!
Und die ganze Eitelkeit
Er dann bitterlich bereut

Beruhiget euch, er lernt nichts draus
Hat er Geld, gibt er es aus
Denn sein Motor die ganze Zeit
Bleibt die Unzufriedenheit

Musik

Laut, leise
Langsam, schnell
Hoch, tief
Trallala

Der Dichter und die KI

Ein Dichter wurde abgestellt
Eine KI zu unterrichten
Die sollte künftig kostengünstig
Für die Leute dichten

Also gab er der Maschine
Sein gesamtes Wissen preis
Damit es dem Kommerz dann diene
Dichtete die jeden Scheiss

Es gab Startkommandos
Für einen jeden Zweck
Romantik oder Rebellion
Und der ganze Dreck

Ziegerichtet konnte man
Die KI einsetzen
Um zur Not Gehirne dann
Total zu verätzen

Der Dichter jedoch der war schlau
Kopierte die Maschinerei
Zog sich unbekannt zurück
Und brachte ihr was bessres bei

Der Ring

Wir sind in einem Ring gefangen
Der geht nicht mehr auf
Vor Jahr(tausend)en hat es angefangen
Jetzt nimmt es seinen Lauf

Alles ist jetzt nur bekannt
Es gibt nichts Neues mehr
Hermetisch wird es abgespult
Die Welt ist innen leer

Wer es weiß wird zum Statist
Er kann da nicht mehr raus
Wers nicht weiß kennt die Rolle nicht
Es kommt aufs Selbe raus

Abgefertigt, programmiert
Geht jeder seinen Weg
Tragikomisch aufgezäumt
Bis hin zum Tod es geht

So hoffen wir das irgendwann
Etwas den Bann zerbricht
Das Dumme ist nur was und wann
Wir wissen es schlicht nicht

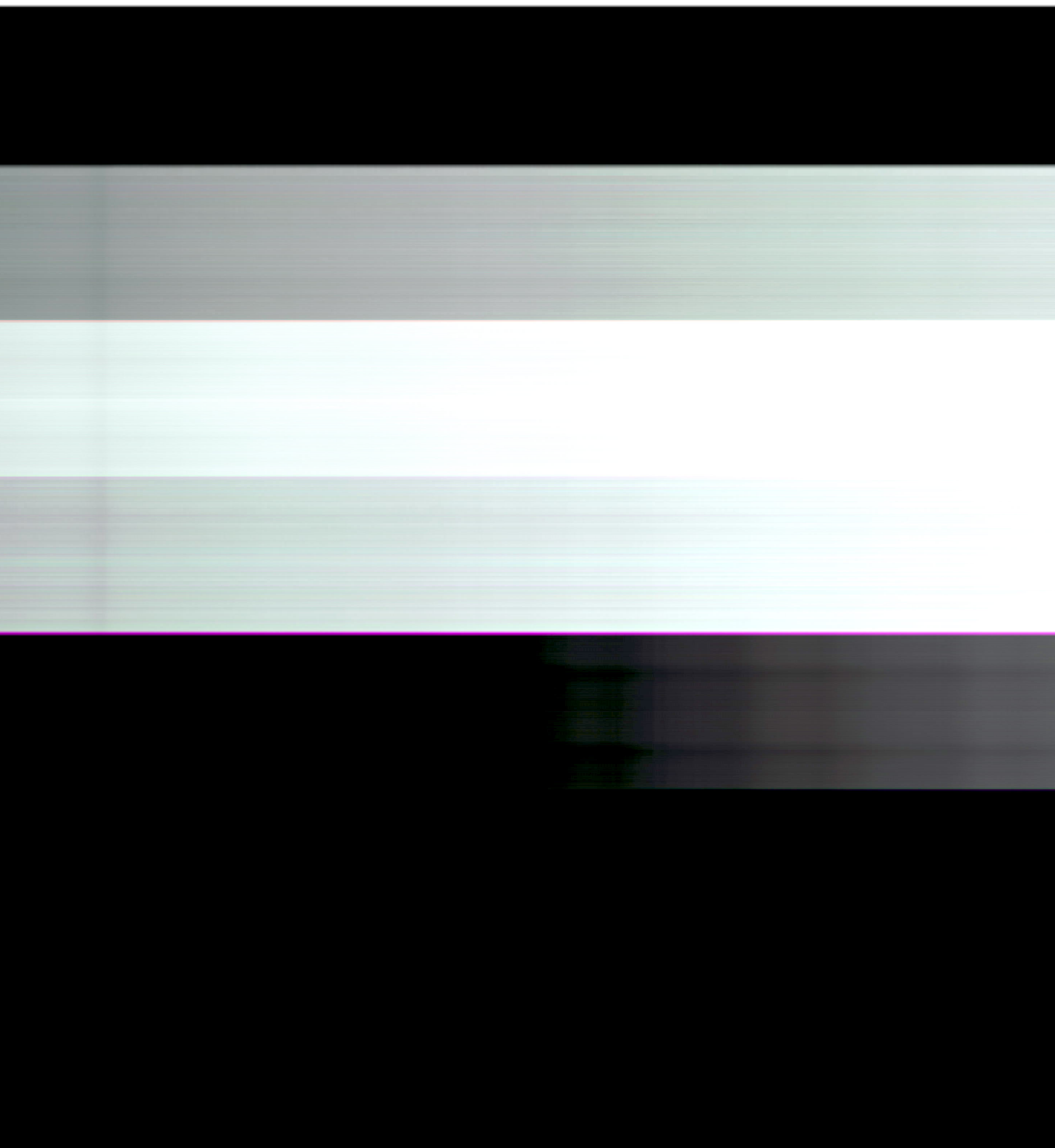

Die Frau im Kanal

Eine Frau kriecht durch einen Abwasserschacht
Sie hat sich aus der Anstalt davongemacht
40 Jahre sind vergangen
Und sie ist in einer fremden Welt gefangen

Um sie herum ist alles kalt
Ein Streichholz ist ihr einziger Halt

Gibt es nur Abwasser, Dunkelheit, Kühle?
Wo sind sie hin, die ganzen Gefühle?

Oben die Straße glitzert im Licht
Doch beides ist künstlich als gäb es das nicht

Realität, was soll das sein?
Zivilisation, künstlicher Schein?

Asphalt und Beton und kaum Natur?
In jedem Zimmer die Medien nur?

Und ich bin Autist?
Ich blicke es nicht?

Das habt ihr davon vom elektrischen Strom
Ein elektrischer Stuhl für die ganze Nation
In durchnummerierten Blöcken ihr wohnt
Und über euch ein Bilanzsystem thront

Der Wecker klingelt, ihr lauft programmiert
Wichtig ist nur dass ihr funktioniert
Ihr wisst nicht warum, es gibt keinen Sinn
Nur weil ihrs gewohnt seid so nehmt ihr es hin

Und ewig und robotergleich
Geistert ihr durchs Totenreich

So hab ich in dieser Zombienacht
Mein letztes Streichholz auch ausgemacht

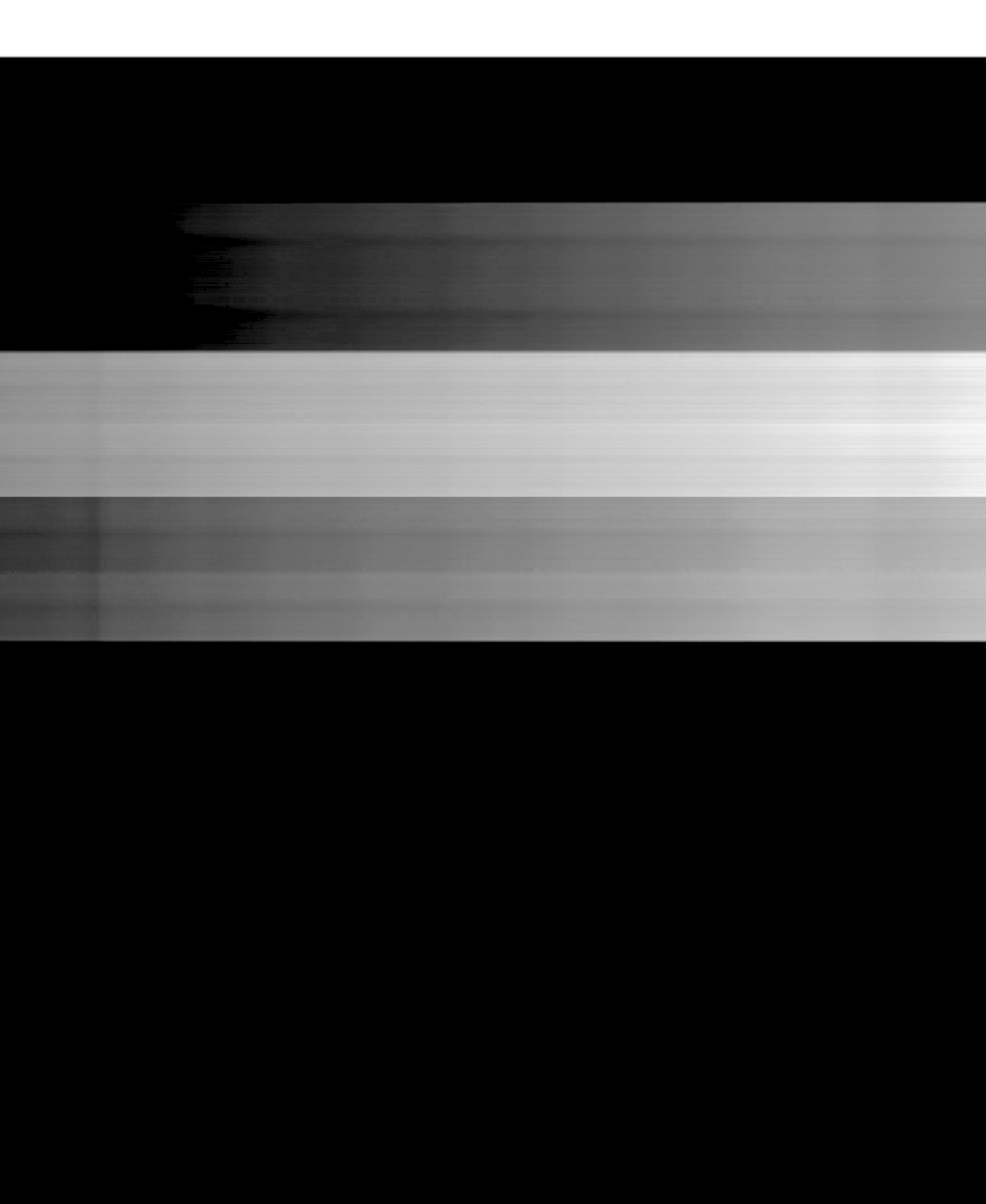

Vorm Medium

Vorm Medium wie ehedem
Die Augen glänzend leuchten
Manchmal tun Stirn und Wange sich
Wie fiebrig gar befeuchten

Gesehen wird, gesehen wird
Eine Illusion
Angelehnt an Tatsachen
Spottet sie diesen Hohn

Der Mensch, er regt sich sonderbar
Macht mit und klatscht Applaus
Und sieht er seine Zukunft gar
Ist bald sein Denken aus

Völlig neu ist programmiert
Der Zuschauer sodann
Geht zurück in die Wirklichkeit
Und fängt zu handeln an

Was er nicht merkt
Dass diese Macht
Zu ihrer Hand
Hat ihn gemacht

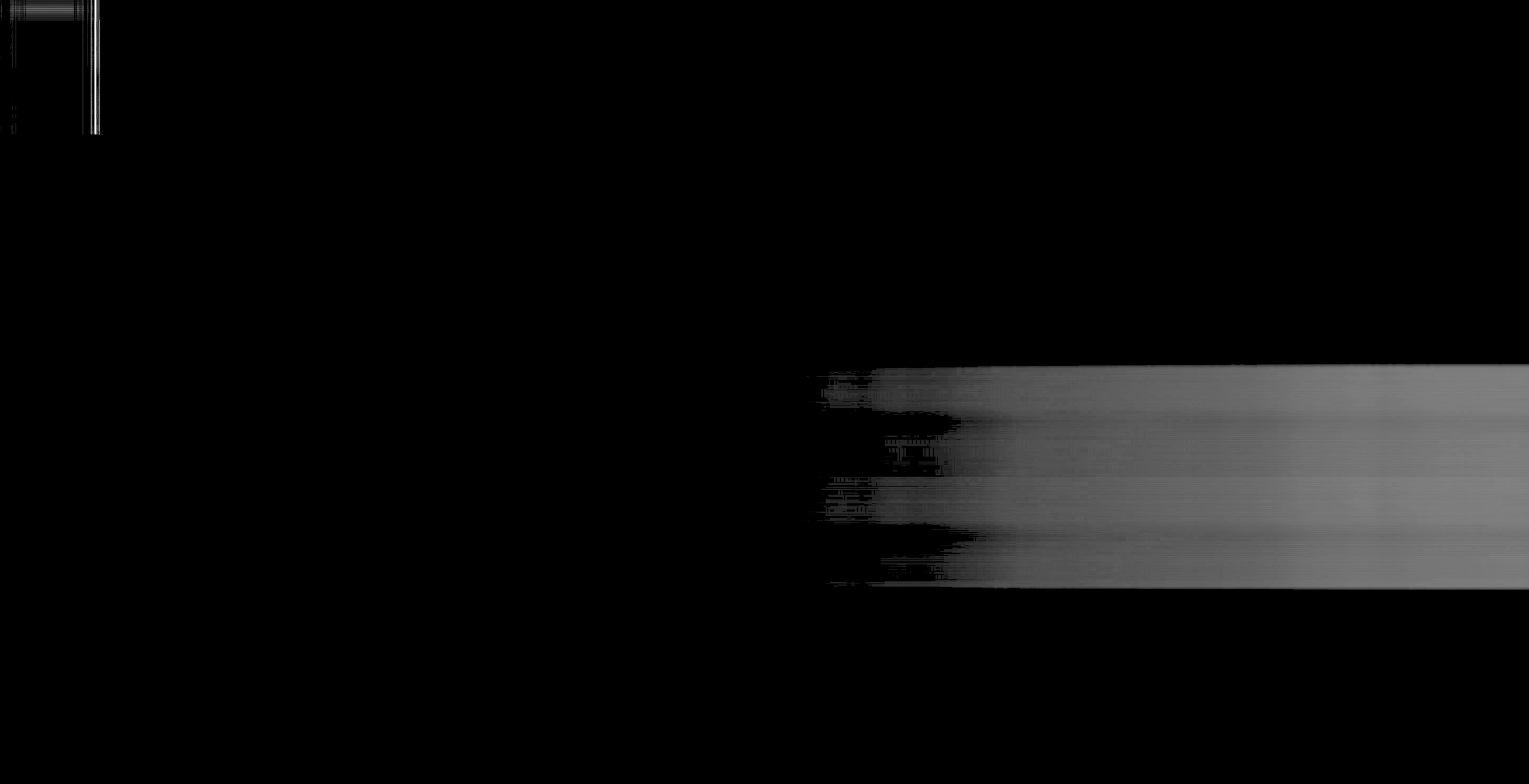

Kartoffelsalat

Kartoffelsalat, gut angemacht
Ist eine Grundlage
Die durch alle Lebenslagen
Not und Krieg auch trage

Zusätzlich zu diesem Salat
Braucht man Medizin
Gehaltvolle Getränke
Und Multivitamin

So kann man den sehr billig
Gesundheit sich bestreiten
Und sich heimlich denken
Wie in alten Zeiten

Unser Schicksal

Streit, Hader und Zank
Machen uns alle krank

Eifersucht und Gier
Machen uns zum Tier

Hektik, Druck und Drohung
Führen zur Verrohung

Wir machen niemals Halt
Es endet in Gewalt

Trotz allen Denkens

Grau ist alle Theorie
Bunt der Kindergarten
Funktionieren tut es nie
Wir warten und wir warten

Leben kommt und Leben geht
Werden und Vergehen
Unsre Zeit vorübergeht
Wir werden nie verstehen

Hoffen tun wir, sehnen uns
Nach der Superwelt
Und erkennen einfach nie
Was uns im Chaos hält

Hat uns die Ruhe mal gefunden
Haben wir Ideen
Doch wir erkennen voller Schrecken
Dass in der Hektik sie vergehen

Und so geht es immer weiter
Gleich für jedes Leben
Keiner wird hier mal gescheiter
Es bleibt uns nur zu reden

Crazy and Alone

Crazy and alone
Demons by my side
I have lost my love
I don't like that ride

Love has turned to nothing
Hate is by my side
Cruelty and no heart
I don't like that ride

Weapons they are wearing
Death is by their side
No clue about forgiving
I don't like that ride

Children turn to monsters
Success is by their side
Only the strongest will survive
I don't like that ride

Lost all of my believing
Hopelessness is by my side
God will never give a damn
I don't like that ride

Autistic Media Magician

I know how to use my media
I build up a world with them
A world in where I'm the only star
And live inside of them

Internet and radio
TV, smartphone, concert, show
I consume only what I want
Give me the feelings that I want

It goes faster every year
Thanks technology my goal moves near
I'm a self-made superman
In my illusion hurricane

Now I reach my final state
The perfect selfie ever made
I'm a hero of myself
AM, PM, one to twelve

So I walk out through the streets
My fantasy fulfills my needs
And as I contact nobody
I have my own reality

The emptiness inside
Makes me sad sometimes
A partner would be nice
But opening would be the price

But as I don't want to get hurt
I stay the magical supernerd
Thanks media I go my way
In spite it takes my soul away

To Insanity

So you want to go insane? Beware!
There's a lot of insanity around you
You don't recognize it when you're healthy
But insane the monsters will come true

Your best friend suddenly is a dealer
His girlfriend suddenly is a whore
Your old neighbor is a murder
And no light shines any more

Your mother has a secret boyfriend
Your father is a betrayer
Your aunt bakes very funny cakes
And your uncle is a slayer

Nice to know that your girlfriend is pregnant
And that she has stolen money
And that the child is not from you
So much for your honey

There is no law, there is no god
No one's there for you
You wish your old sight would come back
But now you're looking thru

So think twice before you go
To insanity
It's a question about show
Or reality

In case you chose to go
This new insane way
Everything will change
Only the doc will stay

Nothing at all in the End

Now I know nothing again
My memories are just a game
Again I only see me dead
And nothing's left of the life I let

Why do I experience all this
Is there anybody who has the need to record
What I perceive with my senses
Or will it die with me?

What's that supposed to mean do I ask
Why this only repeating?
Is the universe a musical box
That plays the same bullshit all the time?

Thousand answers for questions never asked
And no real answer for the only one:
Is there a life after the death?

Believing is madness, the scientists suggest
Science is godless, the prayers say
Forget it and live, many people tell me
Take your medicine and stay calm
Says the psychiatrist

Halleluja, what great answers!
And if I would hear the voice of god then I am a schizophrenic

Fuck it all, I wish I would never have been born

And I still cannot eat plastic
And I still cannot think plastic
And I still cannot lead a plastic life

Forgive me my anger, I will go to work
Forgive me my anger, I will take my pills
Forgive me my anger and forget me

At long last I will hide my grave